CHAO-HSIU CHEN

DAS KLEINE BUCH VOM FENG SHUI

WILHELM HEYNE VERLAG
MÜNCHEN

2. Auflage

Umschlaggestaltung:
Hauptmann und Kampa Werbeagentur, Zug, Schweiz
Satz: Leingärtner, Nabburg
Druck und Bindung: RMO, München
Printed in Germany

ISBN 3-453-15946-2

DAS KLEINE BUCH VOM FENG SHUI

Dieses Büchlein möchte Ihnen das Feng-Shui-Wissen nahebringen, das seit mehr als zweitausend Jahren in Asien als Lehre von der natürlichen Harmonie aller Dinge das tägliche Leben beeinflußt. Feng Shui dient der individuellen Verbesserung der Wohn- und Lebensqualität und lehrt, Einflüsse aus der Umwelt zu erkennen und damit in rechter Weise umzugehen – für ein besseres, gesünderes und erfolgreicheres Leben.

Sie können die folgenden Seiten von vorne bis hinten studieren. Sie können das Buch aber auch an jeder beliebigen Stelle aufschlagen und das Gesagte auf sich wirken lassen – in beiden Fällen wird es ein Gewinn für Sie sein.

Chao-Hsiu Chen

Weisheit aus der Natur

Konfuzius lehrt, daß wir allein dem Gesetz der Natur folgen sollen, um glücklich zu werden. Und Laotse meint, daß das menschliche Schicksal mit dem universellen Gesetz zusammenhängt. Je eher man ein Leben im Einklang mit der Natur führt, um so erfüllter wird es sein.

Wind und Wasser

Das I-Ging, das berühmte chinesische Orakelbuch, berichtet, daß jede Bewegung eines Lebens mit jeder Bewegung der Natur korrespondiert, wobei »Natur« die Bewegung von Wind (»Feng«) und Wasser (»Shui«) in den acht Himmelsrichtungen meint.

Jenseits der kosmischen Vernunft

Irgendwann gerieten die universellen Regeln in Vergessenheit, wurden mißachtet oder als entbehrlich angesehen. Der Mensch begann, seinen Bezug zum Urgrund zu verlieren. Er schuf sich neue Götter, von denen das Geld nur einer ist. Erst mit der Wiederentdeckung der Spiritualität begreifen wir allmählich, welche Werte wir fast schon verloren hatten.

MENSCH UND KOSMOS

Heute entdecken wir Schritt für Schritt,
daß die menschliche Ordnung nur ein Abbild
der kosmischen ist. Alles funktioniert nach
denselben Prinzipien – die kosmische
Ordnung ist jedoch auch ohne die menschli-
che möglich, nicht aber umgekehrt.

Mensch und Energie

Wer sich mit Feng Shui beschäftigt, studiert den Zusammenhang von kosmischem und irdischem Leben. In beiden Fällen geht es um Energie. Haus oder Wohnung sind nicht nur Orte, an denen man sich aufhält, sondern Plätze, von denen man Energie empfängt und in denen man Energie entwickelt und abstrahlt.

Feng Shui im täglichen Leben

Es ist nötig, die von Feng Shui verkörperte Harmonielehre derart zu verinnerlichen, daß sie zum Bestandteil des täglichen Lebens wird.
So entsteht ausschließlich positive statt negativer Energie. Damit nützt man sich und anderen.

Yin, yang und Chi

Laotse erkannte, daß alles, was im Moment geschieht, auf dem ständigen Wechsel von weiblichem Yin und männlichem Yang beruht, wobei diese Polarität von der Lebensessenz, dem Chi, durchflutet wird.

Yin-Chi und Yang-Chi

Wenn Yin-Chi und Yang-Chi in Harmonie aufeinandertreffen, entsteht Neues – sogar Menschen. Die gesamte Feng-Shui-Lehre beschäftigt sich mit der Frage, wie diese Polarität zur Harmonie geführt werden kann.

Feng Shui als Kunst

Feng Shui ist sowohl das Wissen um die naturgegebene Disharmonie als auch die Kunst, diese Polarität so in sich abzustimmen, daß der Mensch nicht unter den schlechten Einflüssen der Ungleichmäßigkeit zu leiden hat.

Glück oder Unglück

Feng Shui basiert auf der Yin-Yang-Balance. Die Aufgabe von Feng-Shui-Meistern ist es, festzustellen, ob ein Ort, ein Gebäude, ein Baum oder eine Zahl Glück oder Unglück bringt. Zum Yin-Yang-Gedanken muß also eine Aktion treten, damit die Theorie in die Praxis umgesetzt werden kann.

Die fünf Elemente

Die sichtbare Welt besteht aus fünf Elementen: Holz, Feuer, Erde, Metall, Wasser. Sie sind in der Harmonie des Wandlungsprozesses positiv miteinander verbunden: Holz bringt Feuer hervor, Feuer gebiert Asche. Aus Asche wird Erde, Erde birgt Metall. Wo Metall ist, ist Wasser, Wasser läßt Holz wachsen.

Die destruktive Reihenfolge

Es gibt auch eine negative Wandlung der fünf Elemente: Holz kämpft gegen Erde, Erde gegen Wasser, Wasser kämpft gegen Feuer, Feuer gegen Metall, Metall gegen Holz.

Beeinflussung

Für die Feng-Shui-Lehre ist es nötig zu wissen, womit die fünf Elemente aus kosmischer und irdischer Sichtweise in Beziehung stehen. Denn durch diese Beziehung wird alles, was existiert, beeinflußt. Daraus kann der Feng-Shui-Meister erkennen, ob Glück oder Unglück, Erfolg oder Mißerfolg ins Haus steht.

I-GING UND TRIGRAMME

Die Linien des I-Ging verkörpern in ihrer durchgehenden Form das aktive Yang (Himmel), in ihrer gebrochenen Darstellung das statische Yin (Erde). Die acht Trigramme symbolisieren die Natur in ihren verschiedenen Erscheinungsformen sowie die Himmelsrichtungen.

Die Wissenschaft des Feng Shui

Die Feng-Shui-Lehre benutzt Trigramme, um zu zeigen, wie negative Einflüsse abgewendet bzw. positive geschaffen werden können. Die Dreierlinien des I-Ging stellen zudem das binäre Zahlensystem dar. So wird deutlich, daß Feng Shui eine Lehre ist, die mathematische, astronomische und physikalische Gesetzmäßigkeiten berücksichtigt.

Die Beeinflussung des Schicksals

Feng Shui ist die Lehre des Zusammenspiels der natürlichen Kräfte, die sich der Mensch zu eigen machen kann, um sein Schicksal so günstig wie möglich selbst zu gestalten.

Orte und Energie

Wie man für Pflanzen den richtigen Boden auswählt, muß man auch für sein Haus den geeigneten Platz finden. Ein Ort, an dem einst ein Mord geschah oder der als Friedhof diente, ist nicht dafür geschaffen, eine Bleibe zu errichten und dort glücklich zu leben. Denn durch die Erhaltung der Energie sind dort immer noch negative Kräfte vorhanden.

Drachenlinien

Die magnetischen Adern, von denen die Erde durchzogen ist, werden als »Drachenlinien« bezeichnet. An den Schnittstellen solcher Linien errichteten die Alten meist Kultstätten, Tempel, Türme, Paläste und später Kirchen, da die Erdenergie hier offenbar stärker und wirkungsvoller ist als an anderen Orten.

Energetische Orte und Heilung

Von jeher haben Menschen die heilende Kraft magnetischer Orte gesucht, um hier mit der Erde und dem Universum in Verbindung zu treten, aber auch, um von Krankheiten zu genesen. Man kann aus der Erde jene Kraft beziehen, die man zur Heilung benötigt. Deshalb sollte man für sein Haus den richtigen Platz finden – zum Wohle der Gesundheit.

Die Weisheit von Berg und Wasser

Wo es Berge gibt, da gibt es auch Wasser. Jede Kultur beginnt dort, wo das Wasser fließt, und alle Schönheit nimmt dort ihren Anfang. Wasser ist somit neben dem Wind einer der wichtigsten Punkte der Feng-Shui-Lehre.

Wahre Schönheit

Gebirge und Wasser zeigen uns, daß wahre
Schönheit in der Schlichtheit liegt
und nicht im Prunk. Das beste Feng Shui
ist in der Kombination von Berg und Wasser
zu finden.

URLAUB

Man meint, wegen der Schönheit von Berg oder Meer seinen Urlaub dort zu verbringen. In Wirklichkeit aber ist es das positive Feng Shui, das einen anlockt und einem eine gestärkte Gesundheit, neuen Lebenswillen und eine positivere Haltung schenkt.

Wasser und Reichtum

Warum ist Wasser für die Feng-Shui-Lehre so wichtig? Erinnern wir uns an die fünf Elemente: Wo Metall ist, dort gibt es Wasser. Wo also Wasser ist, da gibt es Metall. Und Metall bedeutet von jeher Reichtum.

Wasser und Feng Shui

Welches Wasser hat ein gutes Feng Shui? Das eines Flusses sollte tief sein und nicht zu schnell fließen. Der Fluß sollte lang, gewunden und möglichst sauber sein. Das Wasser eines Sees sollte tief sein und die Oberfläche einem Spiegel gleichen. Für das Meer gilt: Je geschützter die Lage, je stiller und klarer das Wasser, desto bessere Einflüsse sind zu erwarten.

Persönlichkeit

Das Chi von Berg und Wasser ist so stark,
daß es nicht trennbar ist. Beim Menschen
verhält es sich ebenso: Erst die Kombination
aus Weisheit und Mitgefühl bringt eine
vollendete Persönlichkeit hervor.

Die Kraft des Waldes

Die Wurzeln nehmen das Yin-Chi der Erde auf, die Wipfel das Yang-Chi des Himmels. Im Stamm und in den Ästen vereinigen sich beide Chi-Formen und tragen die Lebensessenz nach außen, wodurch alles Existierende mit Kraft erfüllt wird. Deshalb ist es so wichtig, nahe bei einem Wald zu wohnen oder so oft wie möglich durch die Wälder zu streifen.

Die Energie des Chi

Auch wenn man heute künstliche Inseln samt Wolkenkratzern errichten kann, so ist es für ein gutes Feng Shui doch unerläßlich, daß die Landschaft so naturbelassen wie möglich bleibt, damit das Haus oder die Wohnung die beste Chi-Energie von Himmel und Erde erhält.

Mensch und Natur

Seit der Mensch nicht mehr Teil der Natur ist und er sich die Erde untertan machte, hat er sein ursprüngliches Verhältnis zur Natur verloren. Dennoch ist er intuitiv stets ein Teil von ihr geblieben, wovon Garten- und Parkanlagen Zeugnis ablegen.
Feng Shui hilft, sich seines Ursprungs wieder bewußt zu werden.

Häuser und Chi

Jedes von Menschen geschaffene Gebäude stört die natürliche Harmonie der Erdoberfläche. Gerade deshalb haben Feng-Shui-Meister Methoden ersonnen, um dieses schlechte Chi mit gutem Chi auszugleichen – stets auf der Basis der fünf Elemente und ihrer produktiven Reihenfolge.

Die richtige Passform

Stellen Sie sich vor, ein Haus wäre ein Kleidungsstück: Wer in ihm lebt, trägt es auch. Egal, ob Haus oder Kleidungsstück – es muß dem Besitzer passen und ihm stehen, während dieser sich um seine Erhaltung und Pflege kümmern muß. Dann erst wird das Objekt seinen wirklichen Wert offenbaren.

Individuelles Glück

Es ist nicht möglich, ein Objekt zu finden, das überall auf der Welt von jedem gleich geschätzt wird. Feng Shui beruht auf dieser Erkenntnis, und darum gibt es auch kein Haus, von dem man sagen könnte, es hätte das beste Feng Shui für jeden.

Das Traumhaus

Wenn Sie sich wirklich Ihr Traumhaus schaffen wollen, dann haben Sie die Chance, den Traum gegen die Realität einzutauschen. Für das Feng Shui ist es deshalb von größter Wichtigkeit, wie Sie in Ihrem Haus oder in Ihrer Wohnung leben.

Die Vergangenheit

Wer ein Haus bauen möchte, sollte sich intensiv mit der Vorgeschichte und der geologischen Beschaffenheit seines Grundstücks beschäftigen. Man wird dabei Dinge erfahren, die überraschend sein können. Später aber wird man merken, wie wichtig es ist, diese Studien zu betreiben, um dadurch Glück bewußt herbeizuholen.

Das spiel der formen

Für ein positives, günstiges Feng Shui
ist nicht nur die Lage eines Grundstückes
oder Hauses ausschlaggebend, sondern
auch seine geometrische Form.
Besonders gut sind das Quadrat,
das Rechteck und das Achteck.

Mauern

Eine Mauer ist grundsätzlich abschreckend, denn das ist ihr Sinn. Um jedoch nicht den Eindruck eines Gefängnisses zu erwecken, sollte die Höhe einer Gartenmauer ein Drittel der Haushöhe nicht übersteigen. Durch das Anpflanzen einer Hecke hinter der Mauer wird das Feng Shui noch einmal verbessert.

Der bambuszaun

Für eine Hecke eignet sich Bambus am besten. Er schießt schnell in die Höhe, wird im unteren Bereich nicht kahl, muß nicht gestutzt werden, hält Lärm hervorragend ab und bricht nicht unter der Schneelast zusammen.

Die schlechte Lage

Häuser am Ende einer Sackgasse liegen nicht günstig. Häuser an Straßenecken verfügen über kein besonders gutes Feng Shui. Ein Haus, das auf jeder Seite von einer Straße begrenzt ist, weist ein besonders schlechtes Feng Shui auf.

Ohne Glück und Erfolg

Straßenlärm und Abgase beeinträchtigen das Chi erheblich. Deshalb ist die richtige Straßenlage eines Hauses von größter Wichtigkeit. Wenn nämlich zum ohnehin geschädigten Chi noch ein schlechtes Feng Shui tritt, wird man ohne Glück und Erfolg bleiben.

Der Eingang des Himmels

Die Eingangstür sollte nicht auf das Ende einer Sackgasse führen und auch nicht auf eine Kreuzung zeigen. Sie sollte auf keinen Fluß und auf keine Kirche hinführen. Sie sollte nicht auf eine gegenüberliegende Hausecke zeigen. In ihrer Nähe sollte kein großer Baum, Strom- oder Telegrafenmast stehen.

Der schlüssel zum selbst

Die Treppe sollte nicht geradewegs auf
die Wohnungstür hinführen. Öffnet man
die Wohnungstür, sollte man sich möglichst
nicht gleich in einem Spiegel erblicken.
Die Wohnungstür sollte nicht auf
die Küchen- oder Badezimmertür zeigen.

•

Der Korridor

Im Flur ist es nicht unbedingt der berühmte erste Eindruck, der uns anzieht oder abstößt. Es ist die geheimnisvolle Lebensessenz, die wir unbewußt spüren und der wir in unserem Urteil folgen. Im Flur kommt außerdem der Familienhintergrund und die Persönlichkeit der Bewohner zum Tragen. Auch deren Lebensstandard wird hier sogleich offenkundig.

DER ERSTE BLICK

Der erste Blick in eine Wohnung ist so entscheidend, weil das dort befindliche Chi sich sofort auf den überträgt, der das Haus betritt. Wenn Sie wollen, daß das Glück Sie aufsucht, dann ermöglichen Sie es dem Chi, sich bei Ihnen wohl zu fühlen! Oder möchten Sie, daß es vor Schreck gleich an der Tür kehrtmacht?

Küchenfeinde

Leider ist die Unsitte weit verbreitet, Feuer- und Wasserstellen nicht voneinander zu trennen. So befindet sich die Spülmaschine oft direkt neben dem Herd. Da Feuer und Wasser aber Feinde sind, muß man die mit ihnen verbundenen Geräte trennen, damit sie ihre jeweiligen Aufgaben perfekt erfüllen können.

Die Wohnküche

In manchen Häusern sind Küche und Eßzimmer zur Wohnküche zusammengelegt. Für ein positives Feng Shui ist hier eine gut funktionierende Abzugshaube über dem Herd unerläßlich, denn niemand sollte in einer von Küchengerüchen geschwängerten Luft essen.

Essensfreude

Ein gutes Feng Shui duldet keinerlei Nippes auf dem Eßtisch. Dessen Chi stört nämlich das Chi der Nahrung, welches um so stärker ist, je freudiger der Koch seine Arbeit verrichtet.

Essensglück

Trennen Sie, wenn möglich, den Koch- vom Eßbereich, aber vermeiden Sie auch eine allzu große Entfernung zwischen Küche und Eßplatz. Lesen Sie nicht beim Essen, und sehen Sie dabei nicht fern. Dann werden die Mahlzeiten ihren Zweck erfüllen.

Im Zentrum des Geschehens

Das Wohnzimmer stellt den Lebensmittelpunkt dar und weist deshalb generell ein gutes Feng Shui auf. Kann es aber nur über umständliche Wege und mehrere Ecken erreicht werden, ändert sich der günstige Einfluß des Chi, und das Feng Shui wird negativ.

Das herz des hauses

Das Herz des Hauses muß nicht unbedingt mit dem Wohnzimmer identisch sein. Ausschlaggebend ist allein, daß dieser Ort eine wichtige Funktion erfüllt. Das Herz des Hauses kann auch das Schlafzimmer, das Arbeitszimmer oder das Eßzimmer sein, wenn sich dort positives Feng Shui bildet.

Wie zu Hause

Wenn das Wohnzimmer das Herz des Heims bildet, sollte dort jener Rhythmus herrschen, der auch ein Herz ausgeglichen schlagen läßt. Dieser Raum sollte Gemütlichkeit, Ruhe und trotzdem das Gefühl aktiven Handelns vermitteln. Gäste sollen sich hier ebenso zu Hause fühlen wie die Bewohner.

Wärme

Ein Wohnzimmer sollte zwar auch repräsentativ sein, aber man darf es nicht übertreiben. Sie leben in einer Wohnung, einem Haus – aber nicht in einem Schloß. Das Wohnzimmer sollte soviel Wärme ausstrahlen, daß man es ungern wieder verläßt.

Am Schreibtisch

Hinter Ihnen darf sich niemals eine Tür oder ein Fenster befinden, sondern etwas, das Sie stärkt, z. B. ein Bücherregal oder eine durchgehende Wand. Ein Spiegel hinter Ihnen erzeugt schlechtes Chi und somit negatives Feng Shui.

Zwei Welten

In Ihrem Arbeitszimmer treffen zwei Welten aufeinander: Ihr Beruf und Ihr Alltag. Damit sie sich nicht stören und damit Sie sich auf Ihre Arbeit konzentrieren können, muß das Chi, das für Ihre Arbeit notwendig ist, kultiviert und verstärkt werden. Dies gelingt, wenn Sie neben der idealen Ausrichtung Ihres Schreibtisches auch mit sich selbst in Harmonie stehen.

Der Prinz der Finsternis

In China nennt man alles, was Unglück bringt, Sha, den Prinzen der Finsternis. Er ist der Feind des positiven Chi und vorwiegend an Orten anzutreffen, wo Schmutz und Fäulnis vorherrschen. Das Badezimmer sollte deshalb immer besonders sauber sein.

Innen und Aussen

Wann immer wir uns waschen, reinigen wir uns auch innerlich, ohne uns dessen bewußt zu sein. Nach einem Bad fühlt man sich erfrischt – nicht nicht nur durch äußere Gründe, sondern auch durch innere. Denn ein gutes Feng Shui sorgt auch für eine heitere Seele.

Der Eingang zum Unsichtbaren

Ein Drittel seines Lebens verbringt der Mensch im Schlaf. Und jeder weiß mittlerweile vom Einfluß des erdmagnetischen Energiefeldes auf den menschlichen Körper. Deshalb kann man sich im Schlafzimmer nicht nur ausruhen. Dies ist auch der Ort, an dem Körper, Geist und Seele neue Energie tanken.

DAS FENG SHUI VOM BETT

Die Ausrichtung des Bettes ist von der Jahreszeit, in der man geboren ist, abhängig. Das ideale Bett ist weder zu hoch noch zu niedrig und läßt die Luft zirkulieren. Das Kopfende sollte stets an eine Wand anschließen. Keine Tür vor oder hinter dem Bett, sondern entweder links oder rechts davon.

Kinderglück

Um das Glück ihrer Kinder schon frühzeitig zu fördern, sollten Eltern ihnen nicht nur die beste Erziehung angedeihen lassen, sondern auch das Kinderzimmer nach Feng-Shui-Prinzipien gestalten, damit die Kinder in positiver Umgebung schlafen, lernen und spielen.

Die Persönlichkeits-Schmiede

Da Kinder viel sensibler als Erwachsene sind, nehmen sie alles in ihrer Umgebung wesentlich intensiver auf, so auch jede Form von Energie. Um eine echte Persönlichkeit heranwachsen zu lassen, muß deshalb die Energie (oder das Chi) in der Umgebung des Kindes stets positiv sein.

Farbenspiel

Im Kinderzimmer sollten folgende Farben vorherrschen: Weiß, Hellblau, Creme – wenn das Kind im Frühling oder Sommer geboren wurde. Grün, Pink, Gelb – wenn es im Herbst oder Winter zur Welt kam.

Freie Zone

Im Kinderzimmer sollte es keine Elektrogeräte geben und schon gar keinen Computer. Der Elektrosmog wirkt sich bei Kindern noch viel stärker als bei Erwachsenen aus. Waffen und Horrorfiguren sind kein geeignetes Spielzeug, um einen glücklichen Erdenbürger heranzuziehen.

Das Nest des Kolibris

Wenn Ihre Wohnung nur aus einem Zimmer besteht, haben Sie dennoch die Möglichkeit, hier alle wesentlichen Regeln zu bündeln und genauso erfolgreich, gesund und glücklich zu sein wie in einem größeren Heim.

Leben und Persönlichkeit

Zwischen einem Haus und einem Kleidungsstück besteht kein Unterschied. Beide werden ihrer Bestimmung erst dann gerecht, wenn sie von Personen benutzt werden, die zu dem Objekt passen und es mit Leben und Persönlichkeit erfüllen. Erst dann vermag das Ergebnis zu überzeugen.

Feinabstimmung

Wenn wir über die Ausstattung eines Hauses oder einer Wohnung sprechen, dann verhält es sich wie mit der Mode: Auch bei der Inneneinrichtung müssen die einzelnen Accessoires sowohl aufeinander als auch auf das gesamte Erscheinungsbild abgestimmt sein.

GÜTE

Die Macht von Himmel und Erde und die
Kraft von Wasser und Feuer sollten Sie stets
willkommen heißen. Denn:
»Am gütigsten ist die Erde./Sie läßt es zu, daß
man sie mit Füßen tritt./Und schenkt einem
dennoch alles, was man für das Leben braucht.«
Versuchen Sie mit dieser Güte Ihr Heim
zu gestalten.

Leben und Licht

Was die Sonne für die Erde ist, sind Leuchten für ein Haus. In der Feng-Shui-Lehre sind Lampen so wichtig wie Spiegel, denn sie können ebenfalls negatives Chi (das Sha) abwenden. Die Art der Lampe, ihre Anbringung und ihre Leuchtkraft sind deshalb von besonderer Bedeutung.

Die richtige Beleuchtung

Die Qualität des Lichts sollte hell und gleichzeitig sanft sein. Wollen Sie Feststimmung zaubern, so benutzen Sie farbige Schirme statt bunter Glühbirnen. Farbige Birnen erregen Ihr Gemüt. Dadurch verliert Ihr Zuhause seine ursprüngliche Schutz- und Beruhigungsfunktion. Ihr Heim ist keine Diskothek, sondern Ihr persönliches Schloß.

Die Fülle in der Leere

Viele Menschen meinen, Möbel seien schlicht Einrichtungsgegenstände. Das ist falsch. Nicht nur, weil unser Leben ohne Schrank und Bett kaum möglich wäre. Sondern deshalb, weil Möbel unsere »Arme und Beine« darstellen. Möbel müssen mit dem Körper harmonieren, sonst entsteht schlechtes Feng Shui.

Edles Altes

Versuchen Sie immer, etwas über die Historie eines alten Möbelstückes herauszufinden, bevor Sie es erwerben. Jedes Objekt hat seine eigene Geschichte und trägt die gute und schlechte Energie seiner Vorbesitzer mit sich. Auch Ihre wird es eines Tages aufnehmen. Denn Menschen müssen einmal die Erde verlassen. Ihre Möbel aber bleiben zurück.

Weltunabhängigkeit

Fenster haben die Aufgabe, das Chi kommen und gehen zu lassen – ähnlich den Türen. Sie sollten weder zu groß noch zu klein sein. Entspricht ein Fenster nicht der Harmonie, kann man dieses Manko durch einen Vorhang ausgleichen.

TRANSPARENZ

Um ein gutes Feng Shui zu erzielen, ist eine gewisse Licht-Transparenz unerläßlich. Deshalb eignen sich Stores oder Jalousien bestens dafür, einerseits an den Geschehnissen außerhalb der Wohnung teilzunehmen, andererseits aber nicht direkt in die Aktionen involviert zu sein.

Das subjektive Auge

Es gibt keine objektive Wirklichkeit, sondern nur viele subjektive, wofür der Spiegel als Symbol steht. In der Feng-Shui-Lehre ist er der wichtigste Gegenstand, um schlechtes Chi zu vertreiben. Seine Funktion besteht aber auch darin, gutes Chi zu bündeln, um das Feng Shui positiv zu verstärken.

Spiegelsprache

Ein chinesisches Sprichwort sagt: »Wenn du dich selbst im Spiegel betrachtest, dann kannst du deinen Anzug und deinen Hut verändern. Doch wenn ein Mensch dein Spiegel ist, dann kannst du deine guten und schlechten Eigenschaften feststellen.«

Märchen an der Wand

Bilder sind der früheste Ausdruck zur Äußerung von Gefühlen. Ein Bild ist somit der kleinste Raum, in dem man sein Inneres mit der allergrößten Vorstellungskraft sichtbar machen kann.

Messer und Quelle

Vergleicht man Spiegel und Bilder, dann ähnelt der Einfluß des Spiegels einem Messer, das durch seine Stärke und Schnelligkeit das schlechte Chi wegschneiden kann. Der Einfluß des Bildes gleicht indes eher einer Quelle, deren Wasser sanft ist, deren Lauf aber in die Unendlichkeit führt.

Die Kraft der Bilder

Bei Bildern muß die Größe stimmen. Seinen Augen und Gedanken sollte man genügend Raum gewähren, um das Bild verdauen zu können. Dann kann es seine Kraft ausströmen, und man wird das Feng Shui erwartungsgemäß beeinflussen.

Themen

Eine wichtige Voraussetzung beim Hängen eines Bildes ist, daß seine Mitte sich in der Höhe Ihrer Augen befindet. Erst dann können Sie nämlich das Wesentliche eines Bildes erkennen – sein Thema. Dieses sollte sich in jedem Fall auf Ihre Persönlichkeit oder auf Ihre Träume und Wünsche beziehen.

Der Gipfel der Schönheit

Nur die Objekte, jene Wohnaccessoires bringen Glück, zu denen der Besitzer ein persönliches Verhältnis hat – sei es aus ästhetischen Gründen, aus einer Erinnerung heraus oder aus einer freudigen Erwartung.

Tsei Wei

In der Feng-Shui-Lehre bedenkt Tsei Wei jenes Zentrum im Haus, an dem das Chi so stark gebündelt ist, daß von ihm Erfolg, Gesundheit und Glück am meisten beeinflußt werden.

DIE KRAFT DER ECKEN

Allgemein kann man sagen, daß Tsei Wei meistens im Wohnzimmer zu lokalisieren ist, und zwar in der Ecke, die der Wohnzimmertür gegenüberliegt. Es findet sich allerdings nur dann, wenn dieser Platz möglichst still ist und sich dort keinerlei Aktivitäten abspielen.

Trockenblumen

Getrocknete Blumen eignen sich überhaupt nicht dafür, Tsei Wei zu erzeugen, da sie gestorbene Blumen sind und der Tod nicht in der Lage ist, Chi zu erzeugen.

Das Chi der Tiere

Das Chi eines Hauses muß mit dem seiner Bewohner harmonieren. Das gilt nicht nur für die Menschen, sondern auch für ihre »besten Freunde«, die Haustiere. Deren Chi sollte zudem stets mit dem Chi ihrer Besitzer in Einklang stehen.

Feng Shui für Tiere

Das beste Feng Shui bringen Hunde und Katzen. Hamster, Mäuse, Ratten, Hasen und alle weiteren Tiere, die nicht über Jahrtausende domestiziert wurden, sind weniger geeignet. Dasselbe gilt für Vögel, deren Bestimmung es niemals war und sein wird, den Menschen zu unterhalten.

Feng Shui der Nahrung

Konfuzius sagt: »Der Himmel liebt alle Lebewesen. Wann immer ich die Stimme eines Tieres vernehme, kann ich dessen Fleisch nicht essen und habe Mitgefühl.« So gilt: Je weniger Fleisch man ißt, um so ausgeglichener ist das Yin-Yang-Prinzip des Körpers, was wiederum zu einem positiven Feng Shui führt.

Phantom der Atmosphäre

Jeder elektrische Gegenstand erzeugt Spannungen, welche die Harmonie zwischen Natur und dem Körper des Menschen stören – auch wenn manche meinen, dafür gäbe es keine Beweise. Schon die Logik müßte uns sagen, daß diese Strahlen nicht völlig unschädlich sind.

Grüne Hilfe

Damit der Energiefluß zwischen Erde und Universum in der Atmosphäre nicht gestört, sondern von positivem Chi genährt wird, sollte man darauf achten, Störfelder durch Pflanzen auszuschalten oder zumindest weniger schädlich zu machen.

Das ganze

Wenn Feng Shui das Leben positiv beeinflussen soll, ist es notwendig, keinen Teil der Gesamtlehre außer acht zu lassen. Allen Komponenten ist dieselbe Bedeutung zuzumessen, da die Feng-Shui-Lehre mit allen Wissensgebieten, die Menschen entwickelt haben, in engster Verbindung steht.

Farben

Schon das I-Ging beschäftigt sich damit, welche Farbe zu welcher Himmelsrichtung, zu welchem Organ und zu welcher Sinnesempfindung paßt. Da die Menschen zu verschiedenen Jahreszeiten geboren werden, gehören dazu verschiedene Farben, die positiven Einfluß ausüben können.

Frühling

Im Frühling wächst das Holz sehr schnell. Wegen dieser hektischen Aktivität bedarf es einer Gegenfarbe, und zwar der des Metalls. Dieses bezieht sich auf die weiße Farbe, und deshalb beeinflußt Weiß all jene, die im Frühling geboren sind, positiv.

Sommer

Im Sommer trinkt das Holz mehr Wasser als sonst. Wasser bezieht sich auf die Farben Hellblau, Hellgrün und Schwarz. Diese Farben beeinflussen also alle im Sommer Geborenen.

Herbst

Im Herbst wird das Holz trocken und kann verbrannt werden. Dafür ist Feuer nötig, welches sich auf die Farbe Rot bezieht. Der Gegenspieler des Feuers ist das Wasser, das seine Beziehung zu Blau hat. So beeinflussen Rot und Blau alle, die im Herbst geboren sind.

Winter

Im Winter ist das Holz so schwach wie sonst nie im Jahr. Damit es am Leben bleibt, bedarf es eines starken Einflusses. Braun und Lila sind stärkere Farben als Rot und Blau, weshalb sie allen Wintergeborenen günstigen Einfluß verschaffen.

Die Macht der Farben

Die Feng-Shui-Farbenlehre bezieht sich nicht nur auf Kleidung, sondern auf alles, mit dem Sie täglich zu tun haben: auf die Farbe Ihrer Wohnung, Ihres Autos und sogar auf die der Lebensmittel, die Sie verzehren.

NAMENSSPIELE

Feng Shui beeinflußt auch die Lehre von der Wirkung und Bedeutung von Namen. Wer ein Kind bekommen hat, wer ein Geschäft, eine Firma oder ein Restaurant eröffnen möchte, bittet einen Feng-Shui-Meister um einen Namen, der auf der Basis des Geburtsdatums heraus-gefunden wird und Glück bringen soll.

Feng Shui fürs Geschäft

Geschäfte, die an einer breiten Straße liegen, haben weniger Kunden als Läden in schmaleren. Hier kommen viele Menschen zusammen, die andere anlocken. An der breiten Straße bestehen weniger Chancen, daß sich viele Kunden treffen. Geschäfte in ganz engen Straßen oder in Sackgassen haben ein schlechtes Feng Shui, weil hier das Chi nicht zirkulieren kann.

Wandlung

Die einzige Möglichkeit, das Geschäftsleben in einer breiten Straße zu verbessern, besteht darin, bepflanzte Verkehrsinseln anzulegen oder die Straße in eine Fußgängerzone umzuwandeln.

Wer mit wem

Zum besten Feng Shui im Geschäftsleben verhilft der richtige Nachbar. Ein Schmuck- oder Uhrengeschäft (Metall) sollte niemals neben einem Möbelhaus (Holz) zu finden sein, da Metall und Holz Gegner sind. Und ein Getränkemarkt (Wasser) kann nicht neben einem Schuhgeschäft (Erde) auf Kunden hoffen, da Wasser und Erde Gegner sind.

Parteienverkehr

Öffentliche Gebäude, in denen sich Anwaltskanzleien und Arztpraxen befinden, sind voll von negativem Chi, weil jeder der diesen Ort betritt, seine Probleme mit hereinträgt.

Schutz vor schlechtem Chi

Wer in einem öffentlichen Gebäude arbeitet, ist für Jahre dem schlechten Chi, das durch Probleme erzeugt wird, die dort hingetragen werden, ausgesetzt. Hier sollte man sich mit allen Mitteln des Feng Shui schützen, damit die Probleme die Lebensfreude nicht auffressen.

Feind der Freude

Beamte oder Anwälte tragen häufig konservative Anzüge, weil sie lange Zeit schutzlos dem schlechten Chi ausgesetzt sind. Dies raubt ihnen jeden Frohsinn und alle Experimentierfreude. Man vertrocknet und wird grau wie der Anzug.

Mut im Büro

Am Arbeitsplatz sollte man Mut zur Abwechslung beweisen, denn alltägliches Einerlei macht die Seele stumpf. Mut zu bunten Vorhängen. Mut zu Bildern, die nichts mit dem Beruf zu tun haben. Mut zu Pflanzen, die schlechtes Chi absorbieren. Warum soll man sich nicht auch im Büro wie zu Hause fühlen?

Geister im Haus

In alter Zeit sagte man: »Um die Geister in einem Haus ruhigzuhalten, braucht man Steine. Kommen sie aber von außen, bedarf es eines Spiegels, um sie zu vertreiben.« Schlechtes Chi kann also durch Steine wie durch Pflanzen abgewehrt werden. Dasselbe gilt für Spiegel, die alles Schlechte zurückwerfen.

Die Kraft der Steine

Wenn ein Haus so steht, daß es dem schlechten Chi der gegenüberliegenden Gebäude oder der vorbeiführenden Straße ausgesetzt ist, verwenden Feng-Shui-Meister große Steine oder Felsbrocken. Versehen mit magischen Zeichen, werden sie an die geeigneten Stellen gesetzt, um das schlechte Chi zu bannen.

Magie des Spiegels

Von allen Methoden, ein gutes Feng Shui zu erzeugen, ist das Aufhängen von Spiegeln, die das schlechte Chi bannen, die einfachste. Durch die so erzeugte seelische Befriedigung erreichen Geist, Seele und Körper jene Harmonie, die für wahres Glück unerläßlich ist.

Hilfe durch Kakteen

Liegt ein Wohnraum in einer ungünstigen Feng-Shui-Position, dann ist es oft kaum möglich, das Objekt selbst umzubauen. Hier helfen Kakteen, die an Fenstern aufgestellt werden, wo sie eine Verbindung zwischen außen und innen schaffen. Die Stacheln der Kakteen verhindern das Eindringen schlechter Energie.

Spiel mit dem Wind

Ein Zen-Meister ließ zwei seiner Schüler wochenlang dem Klang des Windspiels lauschen. Dann fragte er sie: »Was ist der Grund für diesen Klang?« Der erste Schüler meinte: »Das Aneinanderschlagen der Röhren.« Der andere sagte »Der Wind.« Darauf der Meister: »Nein, es ist euer Herz!« Deshalb sind Windspiele so wichtig, um Negatives zu vertreiben.

Für alle Fälle

Gegen die negative Energie des Sha hilft in jedem Fall das Windspiel. Man kann es überall anbringen, es zaubert angenehme Töne hervor und beruhigt. Es vertreibt schlechtes und erzeugt gutes Chi. Durch seinen Klang wird das Sha aufgelöst und in alle Richtungen verstreut, so daß es kein Unheil mehr anrichten kann.

Die Kraft des Chi

Laotse lehrt, daß alles Existierende aus Yin und Yang zusammengesetzt ist und daß das Chi beide harmonisch miteinander verbindet. Men Tse sagt, daß im Himmel und auf Erden alles von Chi erfüllt ist. Als größte und stärkste Kraft beeinflußt es Raum und Zeit. Darum ist es für die Feng-Shui-Lehre so wichtig.

Glück und Unglück

Das Chi ist verantwortlich für das Sein
des Menschen und somit für sein Glück
oder Unglück. Und da es stets in Bewegung
ist, gibt es auch kein ewiges Glück
oder Unglück an sich, sondern nur
den Wechsel von beidem.

Der Atem des Lebens

Kein Mensch vermag ohne Luft zu leben.
In der antiken chinesischen Tradition
sind Luft und Chi weder vollständig
miteinander identisch, noch sind sie
voneinander zu trennen. Luft und Chi kann
man weder sehen noch berühren, und
dennoch sind sie stets anwesend.

Der Fluss des Chi

Damit das Chi die Energiepforten, die entlang der Wirbelsäule im menschlichen Körper lokalisiert sind, passieren kann, müssen sie geöffnet werden. Dies erreicht man durch Meditation. Dann kann das Chi so fließen, daß es den Meditierenden zum Erwachen führt.

Harmonie

Da die fünf Elemente nicht statisch sind, sondern einmal stärker und dann wieder schwächer auftreten, entwickelt sich der Chi-Fluß, der wiederum die Jahreszeiten und deren Wechsel bedingt. Er ist es, der zwischen Yin und Yang vermittelt. Das Erlangen einer Harmonie zwischen diesen beiden ist das Ziel aller Bemühungen des Feng Shui.

Das Schicksal des Chi

Das Chi, mit dem unser individuelles Glück in Verbindung steht, ist durchaus beeinflußbar. Das positive Chi entsteht durch die Schaffung einer harmonischen Fünf-Elemente-Ordnung, das negative Chi durch deren Zerstörung.

Gesundheit

Um gesund zu bleiben, sollte man seine eigenen fünf Elemente stets im Ausgleich halten. Denn entweder helfen sie sich gegenseitig, oder sie fügen einander Schaden zu.

Zirkulation

Das Zirkulieren der fünf Elemente bewirkt den Ablauf der vier Jahreszeiten. Das Chi der Natur ist für die Stärke der Elemente verantwortlich. Da der menschliche Körper sich den fünf Elementen nicht entziehen kann, ist es für die Gesundheit unerläßlich, daß die Elemente sich in der produktiven Reihenfolge bewegen und daß Yin und Yang in Balance bleiben.

Kreativität des Chi

Alles Lebende ist der Veränderung des Chi und dem Wechsel von Yin und Yang unterworfen. Alles Lebende wurde aber auch erschaffen und ist selbst in der Lage, Neues hervorzubringen.

Synchronismus

Das Chi ist in Vergangenheit, Gegenwart und Zukunft tätig. Da es selbst aber weder erschaffen noch zerstört werden kann, bedeutet dies, daß Vergangenheit, Gegenwart und Zukunft im selben Augenblick stattfinden.

OMNIPRÄSENZ DES CHI

Die Gleichzeitigkeit allen Geschehens läßt die Astrophysik auf ein multidimensionales Universum schließen, das uns bislang verborgen ist und nur mathematisch entworfen werden kann. Sollte es sich uns eines Tages offenbaren, können wir sicher sein, überall in ihm Chi zu entdecken, das permanent schöpferisch tätig ist.

Wechselspiel

Immer wird das Leben über den Tod siegen, das Gute über das Böse, das Helle über das Dunkle. Dennoch ist Sha notwendig, um dem Chi seine Bedeutung zu geben. Dasselbe gilt auch umgekehrt.

Polarität

Die Welt ist auf dem polaren Prinzip aufgebaut. Deshalb wird man selbst in den uns noch verschlossenen Dimensionen des Universums oder des geistigen Raums stets sowohl auf Chi wie auch auf Sha treffen, wobei es für das Geschick alles Lebendigen nur darauf ankommt, wie man mit dem Sha umgeht.

Ausgleich

Läßt man die negative Energie des Sha dominieren, treten die bekannten destruktiven Folgen unweigerlich auf. Gleicht man es jedoch aus, dann tritt das ein, was im Leben so notwendig ist, will man Erfolg, Glück und Gesundheit für sich beanspruchen: Harmonie.

Erfüllung

Die alten chinesischen Philosophen beschäftigten sich gerne mit dem Wesen und Sein der Schönheit. Einer von ihnen sagte: »Schönheit entsteht von oben nach unten, von innen nach außen, vom Großen zum Kleinen, vom Fernen zum Nahen – wenn alle Teile im richtigen Verhältnis zueinander stehen.«

Wurzeln

Die Feng-Shui-Lehre wurde in China schon allein deshalb über Jahrtausende hinweg erhalten und weiterentwickelt, weil Traditionspflege und Ahnenkult in Asien eine gewaltige Rolle spielen.

WISSEN SCHAFFT WISSEN

Man kann an Feng Shui glauben oder nicht. Doch sollte man daran denken, daß diese Lehre dem alltäglichen Wissen des Menschen entstammt und in dieses zurückfließt. Deshalb ist es vielleicht besser, ihr nicht negativ gegenüberzustehen.

Wissen und Glauben

Wegen der überlieferten Lehre glaubt man an Feng Shui. Wegen seiner Wirksamkeit aber arbeitet man damit, wobei man die Ergebnisse wiederum als Grundstein für neues Wissen verwenden kann.

Die Entstehung von Wissen

Zuerst wird Wissen durch Erfahrung erworben, dann wird es eingesetzt, um neue Erfahrungen zu gewinnen. Wenn schließlich das Wissen seinen Höhepunkt erreicht, entsteht Wissenschaft, die selbst wieder zu neuem Wissen führt und die Menschheit bereichert. Dies ist der Weg von Feng Shui.

Mutter der Wissenschaft

Als solche wurde bis zum Mittelalter die Astrologie angesehen. Dann ersetzte man sie durch die Philosophie, in der sich das Denken selbst bedenkt. Heute scheint die Zeit gekommen, Feng Shui allen Wissenschaften beizuordnen.

Alles ist

Da in der Welt alles zu allem gehört und alles von allem abhängt, wäre Feng Shui auch für das Studium der Ökologie interessant. Denn der Ort, an dem ein Mensch lebt, ist ein Spiegelbild der Beziehung von Mensch und Natur.

ALLES IST EINS

Alles in der Natur hat seine Wohnstatt.
Stimmt der Boden, das Umfeld nicht mehr,
entsteht dem jeweiligen Lebewesen Schaden.
So auch dem Menschen. Nur wenn Mensch
und Natur in spiritueller und biologischer
Balance stehen, braucht niemand
Schaden zu fürchten.

Eins ist alles

Der Taoismus nennt das Chi den Beginn allen Seins. Das Symbol dafür ist der Yin-Yang-Kreis – das Ursymbol der Einheit. Auch wenn der Mensch diese nicht mehr begreifen kann, so bleibt er doch stets in ihr geborgen.

Die Geschichte der Geschichte

Jedes historische Geschehen kann den gesamten Hintergrund einer Kultur und einer Gesellschaft widerspiegeln. Feng Shui reflektiert demnach die Geschichte und die Kultur des Reiches der Mitte.

ZUKUNFT UND VERGANGENHEIT

Durch Feng Shui läßt sich nicht nur die Zukunft näher bestimmen, sondern auch die Vergangenheit besser erkennen. Dies zeigt, daß sich angestrebte Werte wie Glück, Reichtum und Gesundheit weder in der chinesischen noch in einer anderen Kultur ändern. Sie scheinen die kollektiven Hauptziele menschlicher Individuen zu sein.

Der milde Weg

Feng Shui erfordert keinen gnadenlosen Gehorsam, sondern stellt vielmehr das Bestreben dar, in Harmonie zu leben – den »milden Weg« zu gehen, wie Konfuzius ihn nennt. Es geht immer nur darum, jene Balance zu finden, die man vom Universum her verspürt.

Miteinander statt Gegeneinander

Im Gegensatz zur Bibel, die sagt: »Macht Euch die Erde untertan«, beruht die Feng-Shui-Lehre darauf, daß Mensch und Erde in Harmonie miteinander leben.

Das Herz von Himmel und Erde

Die Feng-Shui-Lehre besagt, daß Mensch und Natur einander helfen sollen, statt Gegner zu sein. Dann, so erkannte Konfuzius, ist der Mensch das Herz von Himmel und Erde.

Ästhetik

Durch den Einfluß des Chi wird die Schönheit der Natur bewahrt. Sie wurde von den alten Chinesen symbolisch in Form von architektonischem Beiwerk oder als Wand- und Zimmerschmuck in ihre Häuser integriert.

Magie und Wissen

Feng Shui vereint auf magische Weise die Schönheit der Natur und die Werke von Menschenhand. Und selbst ohne Magie bleibt immer noch ein umfangreiches Wissen aus Biologie, Chemie, Mathematik und Geographie. Damit kann Feng Shui dazu beitragen, diese Welt schöner und besser zu machen.

Über die Autorin

Chao-Hsiu Chen wurde in Taiwan geboren. Sie lebt heute in Rom und München und arbeitet als Schriftstellerin, Malerin und Feng-Shui-Expertin. Im Heyne Verlag erschienen bisher ihre Bücher »Feng Shui« und »Body Feng Shui«.